Welcome Baby

Guests

NAME AND RELATIONSHIP TO PARENTS

_____

_____

ADVICE FOR PARENTS

_____

_____

_____

WISHES FOR BABY

_____

_____

_____

Baby Predictions

DATE OF BIRTH:_____

TIME OF BIRTH: _____

RESEMBLANCES

MOM   DAD

WEIGHT: _____ HEIGHT:_____

NAME:_____

I HOPE THE BABY GETS:

MOM'S: DAD'S:

_____   _____

_____   _____

_____   _____

Guests

NAME AND RELATIONSHIP TO PARENTS

_____

_____

ADVICE FOR PARENTS

_____

_____

_____

WISHES FOR BABY

_____

_____

_____

Baby Predictions

DATE OF BIRTH: _____

TIME OF BIRTH: _____

WEIGHT: _____   HEIGHT: _____

NAME: _____

RESEMBLANCES

MOM   DAD

I HOPE THE BABY GETS:

MOM'S: DAD'S:

_____   _____

_____   _____

_____   _____

Guests

NAME AND RELATIONSHIP TO PARENTS

_____

_____

ADVICE FOR PARENTS

_____

_____

WISHES FOR BABY

_____

_____

_____

Baby Predictions

DATE OF BIRTH:_____

TIME OF BIRTH:_____

RESEMBLANCES

MOM   DAD

WEIGHT: _____   HEIGHT:_____

NAME: _____

I HOPE THE BABY GETS:

MOM'S: DAD'S:

_____   _____

_____   _____

_____   _____

Guests

NAME AND RELATIONSHIP TO PARENTS

_____

_____

ADVICE FOR PARENTS

_____

_____

_____

WISHES FOR BABY

_____

_____

_____

Baby Predictions

DATE OF BIRTH: _____

RESEMBLANCES

TIME OF BIRTH: _____

MOM DAD

WEIGHT: _____   HEIGHT: _____

NAME: _____

I HOPE THE BABY GETS:

MOM'S: DAD'S:

_____   _____

_____   _____

_____   _____

Guests

NAME AND RELATIONSHIP TO PARENTS

ADVICE FOR PARENTS

WISHES FOR BABY

Baby Predictions

DATE OF BIRTH:_____

TIME OF BIRTH: _____

RESEMBLANCES

MOM ⬠   DAD ⬠

WEIGHT: _____   HEIGHT:_____

NAME: _____

I HOPE THE BABY GETS:

MOM'S: DAD'S:

_____   _____

_____   _____

_____   _____

Guests

NAME AND RELATIONSHIP TO PARENTS

_____

_____

ADVICE FOR PARENTS

_____

_____

_____

WISHES FOR BABY

_____

_____

_____

Baby Predictions

DATE OF BIRTH:_____

RESEMBLANCES

TIME OF BIRTH:_____

MOM ⬡   DAD ⬡

WEIGHT:_____   HEIGHT:_____

NAME:_____

I HOPE THE BABY GETS:

MOM'S:

_____

_____

_____

DAD'S:

_____

_____

_____

Guests

NAME AND RELATIONSHIP TO PARENTS

_____

_____

ADVICE FOR PARENTS

_____

_____

WISHES FOR BABY

_____

_____

_____

Baby Predictions

DATE OF BIRTH: _____

TIME OF BIRTH: _____

RESEMBLANCES

MOM   DAD

WEIGHT: _____   HEIGHT: _____

NAME: _____

I HOPE THE BABY GETS:

MOM'S: DAD'S:

_____   _____

_____   _____

_____   _____

Guests

NAME AND RELATIONSHIP TO PARENTS

_____

_____

ADVICE FOR PARENTS

_____

_____

_____

WISHES FOR BABY

_____

_____

_____

Baby Predictions

DATE OF BIRTH:_____

RESEMBLANCES

TIME OF BIRTH: _____

MOM   DAD

WEIGHT: _____   HEIGHT:_____

NAME:_____

I HOPE THE BABY GETS:

MOM'S: DAD'S:

_____   _____

_____   _____

_____   _____

Guests

NAME AND RELATIONSHIP TO PARENTS

_____

_____

ADVICE FOR PARENTS

_____

_____

WISHES FOR BABY

_____

_____

_____

Baby Predictions

DATE OF BIRTH:_____

RESEMBLANCES

TIME OF BIRTH:_____

MOM ✿   DAD ✿

WEIGHT:_____   HEIGHT:_____

NAME:_____

I HOPE THE BABY GETS:

MOM'S: DAD'S:

_____   _____

_____   _____

_____   _____

Guests

NAME AND RELATIONSHIP TO PARENTS

_____

_____

ADVICE FOR PARENTS

_____

_____

_____

WISHES FOR BABY

_____

_____

_____

Baby Predictions

DATE OF BIRTH: _____

RESEMBLANCES

TIME OF BIRTH: _____

MOM   DAD

WEIGHT: _____   HEIGHT: _____

NAME: _____

I HOPE THE BABY GETS:

MOM'S: DAD'S:

_____   _____

_____   _____

_____   _____

Guests

NAME AND RELATIONSHIP TO PARENTS

ADVICE FOR PARENTS

WISHES FOR BABY

Baby Predictions

DATE OF BIRTH:_____

RESEMBLANCES

TIME OF BIRTH: _____

MOM ⬤   DAD ⬤

WEIGHT: _____   HEIGHT:_____

NAME: _____

I HOPE THE BABY GETS:

MOM'S:

DAD'S:

_____   _____

_____   _____

_____   _____

Guests

NAME AND RELATIONSHIP TO PARENTS

_____

_____

ADVICE FOR PARENTS

_____

_____

_____

WISHES FOR BABY

_____

_____

_____

Baby Predictions

DATE OF BIRTH:_____

RESEMBLANCES

TIME OF BIRTH:_____

MOM DAD

WEIGHT: _____ HEIGHT:_____

NAME: _____

I HOPE THE BABY GETS:

MOM'S: DAD'S:

_____ _____

_____ _____

_____ _____

Guests

NAME AND RELATIONSHIP TO PARENTS

_____

_____

ADVICE FOR PARENTS

_____

_____

WISHES FOR BABY

_____

_____

_____

Baby Predictions

DATE OF BIRTH: _____

RESEMBLANCES

TIME OF BIRTH: _____

MOM ⭐   DAD ⭐

WEIGHT: _____   HEIGHT: _____

NAME: _____

I HOPE THE BABY GETS:

MOM'S: _____   DAD'S: _____

_____   _____

_____   _____

_____   _____

Guests

NAME AND RELATIONSHIP TO PARENTS

_____

_____

ADVICE FOR PARENTS

_____

_____

_____

WISHES FOR BABY

_____

_____

_____

Baby Predictions

DATE OF BIRTH: _____

TIME OF BIRTH: _____

RESEMBLANCES

MOM ⬡ DAD ⬡

WEIGHT: _____ HEIGHT: _____

NAME: _____

I HOPE THE BABY GETS:

MOM'S:

_____

_____

_____

DAD'S:

_____

_____

_____

Guests

NAME AND RELATIONSHIP TO PARENTS

_____

_____

ADVICE FOR PARENTS

_____

_____

_____

WISHES FOR BABY

_____

_____

_____

Baby Predictions

DATE OF BIRTH:_____

TIME OF BIRTH:_____

RESEMBLANCES

MOM ⬠   DAD ⬠

WEIGHT:_____   HEIGHT:_____

NAME:_____

I HOPE THE BABY GETS:

MOM'S: DAD'S:

_____   _____

_____   _____

_____   _____

Guests

NAME AND RELATIONSHIP TO PARENTS

_____

_____

ADVICE FOR PARENTS

_____

_____

_____

WISHES FOR BABY

_____

_____

_____

Baby Predictions

DATE OF BIRTH: _____

TIME OF BIRTH: _____

RESEMBLANCES

MOM   DAD

WEIGHT: _____   HEIGHT: _____

NAME: _____

I HOPE THE BABY GETS:

MOM'S: DAD'S:

_____   _____

_____   _____

_____   _____

Guests

NAME AND RELATIONSHIP TO PARENTS

_____

_____

ADVICE FOR PARENTS

_____

_____

_____

WISHES FOR BABY

_____

_____

_____

Baby Predictions

DATE OF BIRTH:_____

TIME OF BIRTH:_____

RESEMBLANCES

MOM ⬠   DAD ⬠

WEIGHT:_____   HEIGHT:_____

NAME:_____

I HOPE THE BABY GETS:

MOM'S: DAD'S:

_____   _____

_____   _____

_____   _____

Guests

NAME AND RELATIONSHIP TO PARENTS

_____

_____

ADVICE FOR PARENTS

_____

_____

_____

WISHES FOR BABY

_____

_____

_____

Baby Predictions

DATE OF BIRTH: _____

TIME OF BIRTH: _____

RESEMBLANCES

MOM ✿   DAD ✿

WEIGHT: _____   HEIGHT: _____

NAME: _____

I HOPE THE BABY GETS:

MOM'S: DAD'S:

_____   _____

_____   _____

_____   _____

Guests

NAME AND RELATIONSHIP TO PARENTS

_____

_____

ADVICE FOR PARENTS

_____

_____

_____

WISHES FOR BABY

_____

_____

_____

Baby Predictions

DATE OF BIRTH: _____

RESEMBLANCES

TIME OF BIRTH: _____

MOM ☁   DAD ☁

WEIGHT: _____   HEIGHT: _____

NAME: _____

I HOPE THE BABY GETS:

MOM'S: DAD'S:

_____   _____

_____   _____

_____   _____

Guests

NAME AND RELATIONSHIP TO PARENTS

_____

_____

ADVICE FOR PARENTS

_____

_____

_____

WISHES FOR BABY

_____

_____

_____

Baby Predictions

DATE OF BIRTH: _____

RESEMBLANCES

TIME OF BIRTH: _____

MOM ⬠   DAD ⬠

WEIGHT: _____   HEIGHT: _____

NAME: _____

I HOPE THE BABY GETS:

MOM'S:

DAD'S:

_____   _____

_____   _____

_____   _____

Guests

NAME AND RELATIONSHIP TO PARENTS

_____

_____

ADVICE FOR PARENTS

_____

_____

_____

WISHES FOR BABY

_____

_____

_____

Baby Predictions

DATE OF BIRTH: _____

RESEMBLANCES

TIME OF BIRTH: _____

MOM   DAD

WEIGHT: _____   HEIGHT: _____

NAME: _____

I HOPE THE BABY GETS:

MOM'S: DAD'S:

_____   _____

_____   _____

_____   _____

Guests

NAME AND RELATIONSHIP TO PARENTS

ADVICE FOR PARENTS

WISHES FOR BABY

Baby Predictions

DATE OF BIRTH:_____

TIME OF BIRTH: _____

WEIGHT: _____ HEIGHT:_____

NAME: _____

RESEMBLANCES

MOM   DAD

I HOPE THE BABY GETS:

MOM'S: DAD'S:

_____ _____

_____ _____

_____ _____

Guests

NAME AND RELATIONSHIP TO PARENTS

_____

_____

ADVICE FOR PARENTS

_____

_____

_____

WISHES FOR BABY

_____

_____

_____

Baby Predictions

DATE OF BIRTH:_____

RESEMBLANCES

TIME OF BIRTH: _____

MOM ⬥   DAD ⬥

WEIGHT: _____   HEIGHT:_____

NAME: _____

I HOPE THE BABY GETS:

MOM'S: DAD'S:

_____   _____

_____   _____

_____   _____

Guests

NAME AND RELATIONSHIP TO PARENTS

_____

_____

ADVICE FOR PARENTS

_____

_____

_____

WISHES FOR BABY

_____

_____

_____

Baby Predictions

DATE OF BIRTH: _____

RESEMBLANCES

TIME OF BIRTH: _____

MOM ⬭   DAD ⬭

WEIGHT: _____   HEIGHT: _____

NAME: _____

I HOPE THE BABY GETS:

MOM'S:

_____

_____

_____

DAD'S:

_____

_____

_____

Guests

NAME AND RELATIONSHIP TO PARENTS

_____

_____

ADVICE FOR PARENTS

_____

_____

WISHES FOR BABY

_____

_____

_____

Baby Predictions

DATE OF BIRTH:_____

RESEMBLANCES

TIME OF BIRTH:_____

MOM   DAD

WEIGHT: _____   HEIGHT:_____

NAME: _____

I HOPE THE BABY GETS:

MOM'S: DAD'S:

_____   _____

_____   _____

_____   _____

Guests

NAME AND RELATIONSHIP TO PARENTS

_____

_____

ADVICE FOR PARENTS

_____

_____

_____

WISHES FOR BABY

_____

_____

_____

Baby Predictions

DATE OF BIRTH:_____

RESEMBLANCES

TIME OF BIRTH: _____

MOM   DAD

WEIGHT: _____   HEIGHT:_____

NAME: _____

I HOPE THE BABY GETS:

MOM'S: DAD'S:

_____   _____

_____   _____

_____   _____

Guests

NAME AND RELATIONSHIP TO PARENTS

_____

_____

ADVICE FOR PARENTS

_____

_____

WISHES FOR BABY

_____

_____

_____

Baby Predictions

DATE OF BIRTH: _____

RESEMBLANCES

TIME OF BIRTH: _____

MOM ⭐   DAD ⭐

WEIGHT: _____   HEIGHT: _____

NAME: _____

I HOPE THE BABY GETS:

MOM'S: DAD'S:

_____   _____

_____   _____

_____   _____

Guests

NAME AND RELATIONSHIP TO PARENTS

_____

_____

ADVICE FOR PARENTS

_____

_____

_____

WISHES FOR BABY

_____

_____

_____

Baby Predictions

DATE OF BIRTH: _____

RESEMBLANCES

TIME OF BIRTH: _____

MOM ⬟   DAD ⬟

WEIGHT: _____   HEIGHT: _____

NAME: _____

I HOPE THE BABY GETS:

MOM'S: DAD'S:

_____   _____

_____   _____

_____   _____

Guests

NAME AND RELATIONSHIP TO PARENTS

_____

_____

ADVICE FOR PARENTS

_____

_____

WISHES FOR BABY

_____

_____

_____

Baby Predictions

DATE OF BIRTH: _____

RESEMBLANCES

TIME OF BIRTH: _____

MOM   DAD

WEIGHT: _____

HEIGHT: _____

NAME: _____

I HOPE THE BABY GETS:

MOM'S: DAD'S:

_____   _____

_____   _____

_____   _____

Guests

NAME AND RELATIONSHIP TO PARENTS

_____

_____

ADVICE FOR PARENTS

_____

_____

WISHES FOR BABY

_____

_____

_____

Baby Predictions

DATE OF BIRTH: _____

RESEMBLANCES

TIME OF BIRTH: _____

MOM ⭐   DAD ⭐

WEIGHT: _____   HEIGHT: _____

NAME: _____

I HOPE THE BABY GETS:

MOM'S: DAD'S:

_____   _____

_____   _____

_____   _____

Guests

NAME AND RELATIONSHIP TO PARENTS

_____

_____

ADVICE FOR PARENTS

_____

_____

_____

WISHES FOR BABY

_____

_____

_____

Baby Predictions

DATE OF BIRTH: _____

RESEMBLANCES

TIME OF BIRTH: _____

MOM   DAD

WEIGHT: _____   HEIGHT: _____

NAME: _____

I HOPE THE BABY GETS:

MOM'S: DAD'S:

_____   _____

_____   _____

_____   _____

Guests

NAME AND RELATIONSHIP TO PARENTS

_____

_____

ADVICE FOR PARENTS

_____

_____

_____

WISHES FOR BABY

_____

_____

_____

Baby Predictions

DATE OF BIRTH:_____   RESEMBLANCES

TIME OF BIRTH: _____   MOM   DAD

WEIGHT: _____   HEIGHT:_____

NAME: _____

I HOPE THE BABY GETS:

MOM'S: DAD'S:

_____   _____

_____   _____

_____   _____

Guests

NAME AND RELATIONSHIP TO PARENTS

_____

_____

ADVICE FOR PARENTS

_____

_____

_____

WISHES FOR BABY

_____

_____

_____

Baby Predictions

DATE OF BIRTH: _____

RESEMBLANCES

TIME OF BIRTH: _____

MOM ⬚   DAD ⬚

WEIGHT: _____   HEIGHT: _____

NAME: _____

I HOPE THE BABY GETS:

MOM'S:

_____

_____

_____

DAD'S:

_____

_____

_____

Guests

NAME AND RELATIONSHIP TO PARENTS

_____

_____

ADVICE FOR PARENTS

_____

_____

_____

WISHES FOR BABY

_____

_____

_____

Baby Predictions

DATE OF BIRTH: _____

RESEMBLANCES

TIME OF BIRTH: _____

MOM ⭐   DAD ⭐

WEIGHT: _____   HEIGHT: _____

NAME: _____

I HOPE THE BABY GETS:

MOM'S: DAD'S:

_____   _____

_____   _____

_____   _____

Guests

NAME AND RELATIONSHIP TO PARENTS

_____

_____

ADVICE FOR PARENTS

_____

_____

_____

WISHES FOR BABY

_____

_____

_____

Baby Predictions

DATE OF BIRTH: _____

RESEMBLANCES

TIME OF BIRTH: _____

MOM   DAD

WEIGHT: _____   HEIGHT: _____

NAME: _____

I HOPE THE BABY GETS:

MOM'S: DAD'S:

_____   _____

_____   _____

_____   _____

Guests

NAME AND RELATIONSHIP TO PARENTS

_____

_____

ADVICE FOR PARENTS

_____

_____

_____

WISHES FOR BABY

_____

_____

_____

Baby Predictions

DATE OF BIRTH: _____

RESEMBLANCES

TIME OF BIRTH: _____

MOM ⬠   DAD ⬠

WEIGHT: _____   HEIGHT: _____

NAME: _____

I HOPE THE BABY GETS:

MOM'S: DAD'S:

_____   _____

_____   _____

_____   _____

Guests

NAME AND RELATIONSHIP TO PARENTS

_____

_____

ADVICE FOR PARENTS

_____

_____

_____

WISHES FOR BABY

_____

_____

_____

Baby Predictions

DATE OF BIRTH:_____

RESEMBLANCES

TIME OF BIRTH:_____

MOM   DAD

WEIGHT: _____   HEIGHT:_____

NAME: _____

I HOPE THE BABY GETS:

MOM'S: DAD'S:

_____   _____

_____   _____

_____   _____

Guests

NAME AND RELATIONSHIP TO PARENTS

_____

_____

ADVICE FOR PARENTS

_____

_____

_____

WISHES FOR BABY

_____

_____

_____

Baby Predictions

DATE OF BIRTH:_____

TIME OF BIRTH:_____

WEIGHT: _____

HEIGHT:_____

NAME: _____

RESEMBLANCES

MOM ⭐   DAD ⭐

I HOPE THE BABY GETS:

MOM'S: DAD'S:

_____   _____

_____   _____

_____   _____

Guests

NAME AND RELATIONSHIP TO PARENTS

_____

_____

ADVICE FOR PARENTS

_____

_____

_____

WISHES FOR BABY

_____

_____

_____

Baby Predictions

DATE OF BIRTH: _____

TIME OF BIRTH: _____

WEIGHT: _____

HEIGHT: _____

NAME: _____

RESEMBLANCES

MOM ☆   DAD ☆

I HOPE THE BABY GETS:

MOM'S: DAD'S:

_____   _____

_____   _____

_____   _____

Guests

NAME AND RELATIONSHIP TO PARENTS

_____

_____

ADVICE FOR PARENTS

_____

_____

_____

WISHES FOR BABY

_____

_____

_____

Baby Predictions

DATE OF BIRTH: _____

RESEMBLANCES

TIME OF BIRTH: _____

MOM ☁ DAD ☁

WEIGHT: _____ HEIGHT: _____

NAME: _____

I HOPE THE BABY GETS:

MOM'S: DAD'S:

_____   _____

_____   _____

-Gift Log-

GIFT RECIEVED	GIVEN BY:

-Gift Log-

GIFT RECIEVED	GIVEN BY:
_____	_____
_____	_____
_____	_____
_____	_____
_____	_____
_____	_____
_____	_____
_____	_____

-Gift Log-

GIFT RECIEVED	GIVEN BY:
_____	_____
_____	_____
_____	_____
_____	_____
_____	_____
_____	_____
_____	_____
_____	_____
_____	_____
_____	_____

-Gift Log-

GIFT RECIEVED	GIVEN BY:
_____	_____
_____	_____
_____	_____
_____	_____
_____	_____
_____	_____
_____	_____
_____	_____
_____	_____

-Gift Log-

GIFT RECIEVED	GIVEN BY:
_____	_____
_____	_____
_____	_____
_____	_____
_____	_____
_____	_____
_____	_____
_____	_____
_____	_____
_____	_____

Made in the USA
Monee, IL
04 February 2023

27116844R00062